NATIONAL
GEOGRAPHIC
KiDS

MON GRAND LIVRE DE SCIENCES

Kathleen Weidner Zoehfeld

Texte français du Groupe Syntagme

SCHOLASTIC

TABLE DES MATIÈRES

INTRODUCTION   6
COMMENT UTILISER CE LIVRE   7

CHAPITRE UN

LA SCIENCE, C'EST QUOI?   8
   POSER DES QUESTIONS   10
   LES SENS   12
   TROUVER DES RÉPONSES   14
   TENIR UN JOURNAL   16
   SAVOIR ET FAIRE SAVOIR   18
   SPÉCIALITÉS SCIENTIFIQUES   20
   LES BRANCHES DE LA SCIENCE   22
   UN MONDE DE CONNAISSANCES   24

CHAPITRE DEUX

LES SCIENCES DE LA VIE   26
   LES ÊTRES VIVANTS   28
   LE CORPS HUMAIN   30
   TOUT SUR LES ANIMAUX   34
   AU ROYAUME DES INSECTES   36
   AMUSE-TOI!   39
   COQUILLAGES PROTECTEURS   40
   NAGER AVEC LES POISSONS   42
   AMPHIBIENS ET REPTILES   44
   DES AILES ET DES PLUMES   48
   AMUSE-TOI!   51
   BÊTES À FOURRURE   52
   AMUSE-TOI!   55
   DE LA TERRE À LA LUMIÈRE   56
   AMUSE-TOI!   57
   L'AGRICULTURE   58
   LES MILIEUX NATURELS   60
   EXPLORE TON QUARTIER   64

CHAPITRE TROIS

LA TERRE ET L'ESPACE	66
LA PLANÈTE TERRE	68
TERRE DE PIERRES	70
AMUSE-TOI!	72
DÉTERRER LE PASSÉ	74
LES VOLCANS	78
LES TREMBLEMENTS DE TERRE	80
LE BLEU PROFOND DE L'OCÉAN	82
QUEL TEMPS FAIT-IL?	86
AMUSE-TOI!	89
RÉCHAUFFEMENT CLIMATIQUE	90
L'ESPACE	92

CHAPITRE QUATRE

LES SCIENCES PHYSIQUES	96
TOUT EST MATIÈRE	98
UN BEAU MÉLANGE	100
LES FORCES MÉCANIQUES	104
ONDES SONORES	106
AMUSE-TOI!	107
ONDES LUMINEUSES	108
ÉLECTRISANT!	110
AMUSE-TOI!	112

CHAPITRE CINQ

INVENTIONS GÉNIALES	114
ESSAIS ET ERREURS	116
TYPES D'INGÉNIEURS	118
RÉSOLUTION DE PROBLÈMES	120
CONSEILS AUX PARENTS	122
GLOSSAIRE	124
INDEX	126
RESSOURCES SUPPLÉMENTAIRES	127
RÉFÉRENCES PHOTOGRAPHIQUES	128

INTRODUCTION

Ce livre propose aux jeunes lecteurs et lectrices une exploration fascinante des principales branches de la science. Tous les jours, les scientifiques se posent à peu près les mêmes questions que les enfants. Au fil des pages, les enfants découvriront comment les scientifiques parviennent à trouver des réponses. Les lecteurs et les lectrices sont aussi invités à tenir un journal scientifique et même à tenter quelques expériences.

LE CHAPITRE UN explique la science et la méthode scientifique. Un simple exemple suffit à montrer aux enfants qu'ils réfléchissent déjà comme des scientifiques lorsqu'ils observent le monde, posent des questions, formulent des hypothèses et essaient de trouver des réponses.

LE CHAPITRE DEUX porte sur les sciences de la vie. On y décrit le travail des biologistes, des botanistes et des zoologistes qui étudient l'incroyable diversité des animaux et des plantes vivant sur Terre.

LE CHAPITRE TROIS explore toutes les facettes de notre planète, des roches cachées sous nos pieds aux nuages flottant dans le ciel. On y présente des astronomes qui étudient d'autres planètes, des océanographes découvrant les profondeurs sous-marines et des géologues à la recherche de secrets enfouis au cœur de notre planète.

LE CHAPITRE QUATRE traite de la matière qui compose le monde de tous les jours. Les enfants apprendront comment les chimistes mélangent des substances pour en créer de nouvelles et comment les physiciens observent le mouvement de la matière.

LE CHAPITRE CINQ montre comment les ingénieurs s'inspirent de toutes les disciplines scientifiques pour résoudre des problèmes et inventer toutes sortes de choses utiles.

COMMENT UTILISER CE LIVRE

À chaque page, des **PHOTOGRAPHIES** colorées illustrent les concepts et les activités scientifiques.

Les **BULLES** disséminées ici et là fournissent de l'information complémentaire.

NAGER AVEC LES POISSONS

C'est fascinant de regarder des poissons nager dans leur bocal. Les ichtyologistes sont eux aussi passionnés par les poissons. Ils les gardent dans des aquariums gigantesques, en plus de les étudier dans les ruisseaux, les rivières, les lacs et les océans.

Pour trouver des poissons dans leur habitat naturel, les ichtyologistes doivent plonger sous l'eau. Contrairement aux poissons, les humains ne peuvent pas respirer sous l'eau. Les ichtyologistes portent donc un équipement de plongée muni de réservoirs d'air comprimé.

Les ichtyologistes choisissent souvent une espèce de poisson qu'ils étudieront longtemps afin de voir comment il trouve sa nourriture, quelle distance il parcourt et où il se réfugie pour être en sécurité. Il existe des milliers d'espèces de poissons, et on en découvre de nouvelles chaque année.

42

INFOS

ICHTYOLOGIE
(ik-ti-o-lo-gi) Branche de la zoologie qui étudie les poissons

ICHTYOLOGISTE
Zoologiste qui étudie les poissons

POISSONS
Vertébrés munis de nageoires pour nager et de branchies pour respirer sous l'eau

LES SCIENCES DE LA VIE

RÉSERVOIR D'AIR COMPRIMÉ

Le **REQUIN-BALEINE** n'est pas une baleine. C'est le **PLUS GRAND POISSON** du monde. Il vit dans l'**OCÉAN.**

COMBINAISON DE PLONGÉE

Les **RAIES** sont une sorte de poisson. Pour **NAGER,** elles **BATTENT DES NAGEOIRES** ou agitent leur corps de haut en bas.

À quels endroits as-tu vu des poissons?

43

Les encadrés intitulés **INFOS** donnent aux lecteurs et aux lectrices le nom des principales branches de la science et des scientifiques qui travaillent dans chaque domaine, et précisent ce que ces derniers étudient dans le monde.

À chaque chapitre, des **QUESTIONS** interactives stimulent la discussion.

POUR LES PARENTS

À la fin du livre, les parents trouveront un glossaire détaillé, des conseils ainsi que des activités divertissantes pour encourager les enfants à réfléchir comme des scientifiques.

CHAPITRE UN
LA SCIENCE, C'EST QUOI?

Dans ce chapitre, tu apprendras comment les scientifiques observent et étudient le monde qui les entoure pour trouver des réponses à leurs questions. Tourne la page et découvre comment être un scientifique, toi aussi.

POSER DES QUESTIONS

La méthode scientifique est une façon particulière de découvrir le monde. Es-tu du genre curieux? Te poses-tu beaucoup de questions sur ce qui t'entoure? Si oui, tu as déjà l'esprit d'un scientifique! Certaines questions sont simples à résoudre, tandis que d'autres sont plus épineuses. Néanmoins, la science peut t'aider à trouver une réponse à pratiquement n'importe quelle question.

DE QUOI ce **CHATON** a-t-il **BESOIN** pour **GRANDIR?**

À quelle **DISTANCE** se trouve la **LUNE?**

LA SCIENCE, C'EST QUOI?

Va-t-il **PLEUVOIR** aujourd'hui?

COMMENT puis-je augmenter la **VITESSE** de ma **VOITURE?**

COMMENT une **PETITE GRAINE** fait-elle pour devenir un **GRAND ARBRE?**

LES SENS

Tu **VOIS** avec les **YEUX**.

Tu commences à découvrir le monde grâce à tes sens. Tu utilises tes sens tous les jours. Les scientifiques appellent ce genre d'apprentissage « l'observation ».

En observant le monde autour de toi, tu apprends de nouvelles choses qui t'amènent à te poser une foule de questions intéressantes.

Tu **ÉCOUTES** avec les **OREILLES**.

Tu **TOUCHES** avec les **MAINS.**

Tu **GOÛTES** avec la **LANGUE.**

Tu **SENS** avec le **NEZ.**

13

TROUVER DES RÉPONSES

Pour trouver des réponses à leurs questions, les scientifiques doivent suivre un certain nombre d'étapes importantes. Si tu veux trouver des réponses à tes questions, tu peux faire comme les scientifiques.

Commence par te poser une question, puis essaie d'imaginer la réponse en utilisant les informations et les connaissances que tu possèdes déjà. Tu arriveras peut-être à formuler deux ou trois réponses possibles, mais celle qui te semblera la plus probable sera ton hypothèse.

Attention : Ce n'est pas parce que tu crois que ta réponse est exacte que tu as raison. Les scientifiques poussent leur réflexion plus loin. Ils essaient de *prouver* que leur réponse est la bonne en préparant une expérience.

Journal scientifique

RÈGLE

Une **EXPÉRIENCE** est un **TEST** servant à vérifier une **HYPOTHÈSE.**

Les **SCIENTIFIQUES** utilisent divers outils comme des **RÈGLES** ou des **BALANCES** pour **MESURER** ou **PESER** les choses.

BALANCE

COCHONS D'INDE

Disons qu'une chercheuse doive comparer la taille de ses cochons d'Inde dans le cadre d'une expérience. Elle utilisera une balance pour les peser et une règle pour les mesurer du nez à la queue, puis elle notera toutes ses observations dans son journal scientifique.

15

TENIR UN JOURNAL

Quand tu mènes tes propres expériences, prends des notes ou fais des dessins dans ton journal scientifique. Plus tard, tu pourras montrer aux autres ce que tu as fait et ce que tu as appris.

Journal scientifique

Ce que j'ai observé : J'ai mélangé du jus de citron et de l'eau pour faire de la limonade, mais c'était trop acide. Ouache!

Ma question : Comment faire une limonade plus sucrée?

Mon hypothèse : Si j'ajoute du sucre, je crois que ma limonade aura un goût plus sucré.

Mon expérience :

1. J'ai versé la même quantité de limonade dans deux verres.

2. J'ai dissous une cuillère à thé de sucre dans l'un des verres de limonade.

Dans une expérience, un élément **QUE L'ON PEUT MODIFIER** (ici, la quantité de sucre à ajouter) est appelé une **VARIABLE.**

CUILLÈRES À MESURER

3. J'ai goûté à la limonade de chaque verre pour comparer celle avec du sucre et celle sans sucre.

Ce qui est arrivé : La limonade avec du sucre avait un goût plus sucré que la limonade sans sucre.

Ce que j'ai appris : Le sucre rend la limonade sucrée.

Ma prochaine question : Qu'arriverait-il si j'ajoutais deux cuillères à thé de sucre dans la limonade?

Le verre de limonade **SANS SUCRE** est le verre **TÉMOIN**. Dans une expérience, le sujet témoin **N'EST PAS MODIFIÉ.**

TASSES À MESURER

SAVOIR ET FAIRE SAVOIR

Une fois ton expérience terminée, tu aimerais sans doute montrer aux autres ce que tu as appris. Par exemple, si l'une de tes amies refuse de croire que c'est le sucre qui rend la limonade si délicieuse, tu peux lui montrer ton expérience ou lui proposer de la reproduire. Si vous arrivez aux mêmes résultats, cela veut probablement dire que ton hypothèse est correcte.

Tes autres amis peuvent eux aussi tenter l'expérience. Plus il y a de personnes qui reproduisent ton expérience et confirment que c'est le sucre qui rend la limonade sucrée, plus il y a de chances que ton hypothèse soit exacte.

En **SCIENCE**, une **HYPOTHÈSE** qui a été testée et qui est vérifiée est appelée une **THÉORIE**.

SEL

D'autres scientifiques peuvent proposer des hypothèses différentes. Il y a peut-être une personne qui croit que c'est le sel qui rend la limonade sucrée, et une autre qui veut reproduire l'expérience avec du miel. Si ton expérience révèle que ton hypothèse est inexacte, ne t'inquiète pas! Tu as simplement découvert une chose très importante : tu as appris ce qui ne fonctionne pas.

MIEL

Les **MESURES** (comme le poids) que les scientifiques **PRENNENT EN NOTE** pendant une expérience sont appelées des **DONNÉES.**

SPÉCIALITÉS SCIENTIFIQUES

Le monde est vaste; il regorge d'endroits incroyables à voir et de choses géniales à faire. Pour étudier toutes les facettes du monde qui nous entoure, il faut toutes sortes de scientifiques. Voici quelques spécialistes :

VOLCANOLOGUE

CHIMISTE

Si tu avais le choix, avec quel scientifique voudrais-tu passer une journée?

ZOOLOGISTE

ASTRONOME

MÉTÉOROLOGUE

LA SCIENCE, C'EST QUOI?

Certains **SCIENTIFIQUES** travaillent en **LABORATOIRE**, d'autres **EXPLORENT** des endroits dangereux. Il y en a qui étudient les **ANIMAUX** ou les **PLANTES** ou bien l'**AIR**, l'**EAU** ou les **MINÉRAUX** de la Terre. D'autres encore scrutent l'**ESPACE** pour faire de nouvelles découvertes.

LES BRANCHES DE LA SCIENCE

La science, c'est un peu comme un arbre dont les branches représentent les différentes disciplines scientifiques qui existent.

L'une des branches maîtresses de cet arbre représente la science des êtres vivants : la BIOLOGIE. De cette branche en part une autre consacrée aux animaux : la ZOOLOGIE. Celle-ci se sépare en branches plus petites : ce sont les sciences qui s'intéressent aux différents types d'animaux.

Il y a aussi une branche pour les insectes et une autre pour les oiseaux. Chaque branche de la science a son propre nom; par exemple, l'entomologie est l'étude des insectes, et l'ornithologie, l'étude des oiseaux. Tu apprendras ce que les autres noms veulent dire plus loin dans le livre.

LA SCIENCE, C'EST QUOI?

PALÉONTOLOGIE

MALACOLOGIE

SISMOLOGIE

ICHTYOLOGIE

CLIMATOLOGIE

HERPÉTOLOGIE

VOLCANOLOGIE

MÉTÉOROLOGIE

ENTOMOLOGIE

ORNITHOLOGIE

BOTANIQUE

OCÉANOGRAPHIE

MAMMALOGIE

GÉOLOGIE

ZOOLOGIE

AGRONOMIE

ASTRONOMIE

SCIENCES MÉDICALES

ÉCOLOGIE

SCIENCES DE LA TERRE ET DE L'ESPACE

CHIMIE

BIOLOGIE

PHYSIQUE

INGÉNIERIE

SCIENCES PHYSIQUES

SCIENCE

23

UN MONDE DE CONNAISSANCES

En posant des questions et en utilisant la méthode scientifique pour observer et mener des expériences, les scientifiques ont fait énormément de découvertes sensationnelles. Lorsque les scientifiques trouvent des réponses à des questions importantes, ces réponses enrichissent nos connaissances.

La navette spatiale *DISCOVERY* est propulsée dans l'espace au moyen d'une **FUSÉE.**

C'est grâce au savoir scientifique que nous pouvons lancer des navettes spatiales, conduire des voitures, parler au téléphone, jouer à des jeux vidéo, utiliser des ordinateurs, veiller à la santé et à la sécurité des gens et des animaux, cultiver des plantes pour produire des aliments sains et faire une foule d'autres choses.

Les vétérinaires **SOIGNENT** toutes sortes d'animaux : des **CHATS**, des **CHIENS**, des **OISEAUX**, des **CHEVAUX** et plus encore!

LA SCIENCE, C'EST QUOI?

VÉTÉRINAIRE

La science est à la portée de tous. Essayons maintenant d'en apprendre davantage sur les différentes branches de la science, sur le travail des scientifiques et sur tous les problèmes auxquels ils réfléchissent pour essayer de trouver des solutions.

25

CHAPITRE DEUX
LES SCIENCES DE LA VIE

Toutes sortes de créatures vivent sur la Terre : des plantes, des animaux et des humains. Le chapitre suivant porte sur les nombreuses branches des sciences de la vie.

LES ÊTRES VIVANTS

Des millions de créatures vivent sur la Terre, du plus petit insecte à la plus imposante des baleines. Ces créatures partagent quelques caractéristiques très importantes. Tous les êtres vivants, y compris les plantes, grandissent et bougent. Ils tirent leur énergie de leur nourriture. Ils ont besoin d'eau, et la plupart respirent de l'oxygène.

CHENILLE DE PAPILLON MONARQUE

INFOS

BIOLOGIE
Science des êtres vivants

BIOLOGISTE
Scientifique qui étudie les êtres vivants

ÊTRES VIVANTS
Les animaux et les plantes sont des êtres vivants

L'OXYGÈNE est un gaz présent dans l'air que nous **RESPIRONS**. Il y a aussi de l'oxygène dans l'**EAU**.

Chaque être vivant possède des caractéristiques qui le distinguent des autres. Puisqu'il existe une grande diversité d'êtres vivants, les biologistes choisissent habituellement d'étudier une seule espèce.

BALEINE À BOSSE

HANNETON

On utilise une **LOUPE** pour **GROSSIR** les **PETITES** choses.

SOURIS

29

LE CORPS HUMAIN

Parfois, un médecin doit te faire une **PIQÛRE** pour t'administrer un **VACCIN.** Les vaccins aident ton corps à combattre divers types de **MICROBES** pouvant te rendre malade.

Atchoum! **Tu éternues, tu renifles et tu tousses.** Tu as mal partout et tu frissonnes. Il est temps d'aller chez le médecin!

Ton médecin te demande d'ouvrir la bouche et de dire *aaah*. Elle utilise un abaisse-langue pour retenir ta langue et examiner ta gorge. Elle prend ta température avec un thermomètre, puis écoute ton cœur et tes poumons à l'aide d'un stéthoscope.

STÉTHOSCOPE

INFOS

SCIENCES MÉDICALES
Branche de la biologie qui étudie le corps humain

MÉDECIN
Spécialiste de la médecine qui aide les gens à rester en santé et qui les soigne lorsqu'ils sont blessés ou malades

Le médecin vérifie ton **POIDS** et ta **TAILLE** pour savoir si tu **GRANDIS BIEN.**

ABAISSE-LANGUES

THERMOMÈTRE

Grâce aux sciences médicales, ton médecin peut comprendre ce qui te rend malade. Par exemple, il peut savoir si tu as attrapé un virus. Les virus sont des types de microbes qui causent des maladies. Pour t'aider à te sentir mieux, ton médecin te conseillera peut-être de prendre des médicaments.

31

Les médecins doivent apprendre tout ce qu'il y a à savoir sur le corps humain, de la tête aux pieds. Ils étudient l'extérieur du corps, comme la peau, ainsi que l'intérieur du corps, c'est-à-dire les os, les muscles et les organes, comme le cœur et l'estomac.

Il y a plus de **200 OS** dans le corps humain. Le **PLUS LONG** est le **FÉMUR** (l'os de la cuisse) et le **PLUS PETIT** se trouve dans l'oreille.

Les médecins utilisent un **APPAREIL DE RADIOGRAPHIE** pour voir tes **OS** s'ils soupçonnent que tu as une **FRACTURE.**

RADIOGRAPHIE

Si la radiographie révèle une **FRACTURE** d'un membre, le médecin devra peut-être mettre ce membre dans un **PLÂTRE** pour que l'os tienne en place et **GUÉRISSE.**

PLÂTRE

Beaucoup de médecins choisissent de se spécialiser dans une partie du corps, par exemple le cœur. D'autres s'intéressent au processus de digestion de la nourriture. D'autres encore aident les patients qui ont des problèmes d'oreille, de nez ou de gorge. Il existe des médecins spécialistes pour pratiquement toutes les parties du corps humain.

APPAREIL DE RADIOGRAPHIE

Quelle partie du corps t'intéresse le plus? Pourquoi?

TOUT SUR LES ANIMAUX

Les médecins et les vétérinaires doivent vérifier par l'observation la santé de leurs patients. Les zoologistes observent les animaux sauvages pour en apprendre davantage sur eux. Toi aussi, tu peux observer les animaux lorsque tu te promènes dans ton quartier, dans un bois ou au zoo. Tu peux les voir, les entendre et parfois même les sentir!

CAMÉLÉON

PANDA

INFOS

ZOOLOGIE
(zo-o-lo-gi) Branche de la biologie qui étudie les animaux

ZOOLOGISTE
Biologiste qui étudie les animaux

ARAS ROUGES

Certains animaux volent, d'autres nagent et d'autres encore creusent le sol ou grimpent aux arbres. Il existe un grand nombre d'animaux différents, alors les zoologistes les regroupent en espèces selon leur type corporel, et leur mode de vie et de développement.

Le mot « **ZOO** » vient du mot grec qui signifie « **ANIMAL** ».

RAINETTE AUX YEUX ROUGES

GIRAFE

AU ROYAUME DES INSECTES

Une petite chrysalide est suspendue à une brindille. Tout à coup, la chrysalide se met à bouger. En bon scientifique, tu te demandes ce qui se passe. Tu fixes la chrysalide : elle s'ouvre et un papillon en sort en dépliant ses ailes toutes neuves. Tu viens d'observer une partie du cycle de vie d'un papillon.

Dessine la chrysalide et le papillon dans ton journal scientifique. Tu pourras montrer ce que tu as appris à ta famille et à tes amis.

CHRYSALIDE

PAPILLON MONARQUE

INFOS

ENTOMOLOGIE
Branche de la zoologie qui étudie les insectes

ENTOMOLOGISTE
Zoologiste qui étudie les insectes

INSECTES
Les insectes ont six pattes, un exosquelette (une carapace dure qui recouvre leur corps) et un corps à trois segments

LIBELLULE

TÊTE

THORAX

ABDOMEN

Beaucoup d'**INSECTES** ont des **AILES** pour **VOLER.**

Comme tous les insectes, la **FOURMI** a un corps divisé en **TROIS** parties.

Les animaux dont le **SQUELETTE** est à **L'INTÉRIEUR** de leur corps s'appellent les **VERTÉBRÉS.** Les animaux qui n'ont **PAS DE SQUELETTE** à l'intérieur de leur corps, comme les insectes, sont des **INVERTÉBRÉS.**

CIGALE

37

Comme les insectes, les araignées ont un exosquelette. Pourtant, ce ne sont pas des insectes. Sais-tu pourquoi?

Regarde bien l'araignée de l'image ci-dessous et compte ses pattes. Voilà pourquoi! Toutes les araignées ont huit pattes, mais les insectes n'en ont que six.

ARAIGNÉE ORBITÈLE

AMUSE-TOI!

Certains insectes vivent dans l'herbe et d'autres, dans les feuilles ou dans les branches. Il y en a aussi qui vivent sur le sol ou sous la terre. Beaucoup d'insectes peuvent voler. Les entomologistes cherchent des insectes à toutes sortes d'endroits. Peux-tu trouver les insectes cachés dans l'image?

RÉPONSES : Il y en a sept : grillon champêtre, grand calosome vert, anisoptère, punaise des bois, bleu argenté (papillon bleu), coccinelle Cycloneda munda, porte-queue tigré (papillon jaune)

INFOS

MALACOLOGIE
Branche de la zoologie qui étudie les mollusques, un groupe d'animaux dont certains ont une coquille, par exemple les palourdes et les escargots

MALACOLOGISTE
Zoologiste qui étudie les mollusques

COQUILLAGES PROTECTEURS

Imagine que tu marches pieds nus sur le sable. Les vagues de l'océan lèchent la plage. Tout à coup… *aïe!* Tu viens de marcher sur quelque chose de dur et de piquant. Tu ramasses l'objet et remarques sa forme bombée et torsadée. C'est un coquillage venu de l'océan.

PÉTONCLE

PALOURDES

La coquille des **PALOURDES** et des **PÉTONCLES** s'ouvre en **DEUX PARTIES** qu'on appelle des **CHARNIÈRES**.

Ton coquillage a été la demeure d'un mollusque, un animal au corps mou. La coquille dure protège le mollusque des prédateurs qui ont faim.

Les pieuvres appartiennent à une catégorie spéciale de **MOLLUSQUES** qui n'ont pas de coquille. Elles savent très bien se **CACHER**. Une pieuvre peut **CHANGER DE COULEUR** pour se **FONDRE** dans son environnement.

PIEUVRE

NAGER AVEC LES POISSONS

C'est fascinant de regarder des poissons nager dans leur bocal. Les ichtyologistes sont eux aussi passionnés par les poissons. Ils les gardent dans des aquariums gigantesques, en plus de les étudier dans les ruisseaux, les rivières, les lacs et les océans.

Pour trouver des poissons dans leur habitat naturel, les ichtyologistes doivent plonger sous l'eau. Contrairement aux poissons, les humains ne peuvent pas respirer sous l'eau. Les ichtyologistes portent donc un équipement de plongée muni de réservoirs d'air comprimé.

Les ichtyologistes choisissent souvent une espèce de poisson qu'ils étudieront longtemps afin de voir comment il trouve sa nourriture, quelle distance il parcourt et où il se réfugie pour être en sécurité. Il existe des milliers d'espèces de poissons, et on en découvre de nouvelles chaque année.

INFOS

ICHTYOLOGIE
(ik-ti-o-lo-gi) Branche de la zoologie qui étudie les poissons

ICHTYOLOGISTE
Zoologiste qui étudie les poissons

POISSONS
Vertébrés munis de nageoires pour nager et de branchies pour respirer sous l'eau

Le **REQUIN-BALEINE** n'est pas une baleine. C'est le **PLUS GRAND POISSON** du monde. Il vit dans l'**OCÉAN.**

RÉSERVOIR D'AIR COMPRIMÉ

COMBINAISON DE PLONGÉE

Les **RAIES** sont une sorte de poisson. Pour **NAGER,** elles **BATTENT DES NAGEOIRES** ou agitent leur corps de haut en bas.

À quels endroits as-tu vu des poissons?

AMPHIBIENS ET REPTILES

T'es-tu déjà demandé quel genre d'animaux vivent sous les roches?
Si tu soulèves une grosse pierre, tu verras sans doute des insectes et des vers de terre, et peut-être aussi une salamandre! Les salamandres sont des amphibiens. Quand le soleil est haut dans le ciel, les salamandres préfèrent se cacher dans des endroits sombres et humides.

INFOS

HERPÉTOLOGIE
Branche de la zoologie qui étudie les reptiles et les amphibiens

HERPÉTOLOGISTE
Zoologiste qui étudie les reptiles et les amphibiens

REPTILES
Vertébrés qui ont une peau sèche et écailleuse; la plupart pondent leurs œufs sur la terre ferme

AMPHIBIENS
Vertébrés qui ont une peau lisse et humide (parfois visqueuse); la plupart pondent leurs œufs dans l'eau

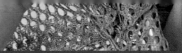
TÊTARD

FILET

Un **TÊTARD** est un **BÉBÉ GRENOUILLE**. À mesure qu'il **GRANDIT**, il lui **POUSSE DES PATTES.** Sur la terre ferme, devenu adulte, il pourra enfin **SAUTER.**

Peux-tu trouver trois choses dans ton apparence qui ont changé depuis ta naissance?

Les herpétologistes ont découvert que de nombreuses espèces d'amphibiens respirent par la peau. Les amphibiens doivent garder leur peau humide afin de respirer. Cet indice devrait t'aider à trouver les meilleurs endroits qui abritent des salamandres et d'autres amphibiens.

Les **GRENOUILLES** et les **CRAPAUDS** sont des **AMPHIBIENS.**

RAINETTE

45

Les serpents, les lézards, les tortues et les crocodiles sont des reptiles. Les reptiles respirent par les poumons. Les amphibiens pondent des œufs gélatineux qui doivent rester à l'humidité. Les reptiles, eux, pondent des œufs à la coquille coriace qui peuvent rester au sec.

Les reptiles n'ont pas besoin de vivre près de l'eau. Ils passent pratiquement toute leur vie sur la terre ferme. Les herpétologistes trouvent des reptiles dans toutes sortes de milieux : dans des arbres ou des terriers et près des marais ou des rivières. Ils en ont même vu planer dans les airs!

CROCODILE DU NIL

Un **CROCODILE DU NIL** peut **PESER** aussi lourd qu'un **PIANO.**

Le **BOA ÉMERAUDE** vit à la cime des arbres des forêts tropicales de l'Amérique du Sud. Les adultes sont **VERT ÉMERAUDE,** tandis que les bébés, comme celui-ci, sont de couleur **ORANGE** ou **BRUN ROUGEÂTRE.**

Les **TORTUES** ont un squelette à l'intérieur de leur corps ainsi qu'une **CARAPACE** à l'extérieur qui les **PROTÈGE.**

Les **DRAGONS VOLANTS** ne volent pas comme les oiseaux, mais ils possèdent des côtes reliées par une membrane qui leur permettent de **PLANER** dans les airs d'un arbre à l'autre comme s'ils avaient des **AILES.**

TORTUE PEINTE

47

DES AILES ET DES PLUMES

Un matin, tu entends le chant d'un oiseau. De quel type d'oiseau s'agit il? Tu attrapes tes jumelles et, en suivant le chant, tu repères un oiseau dans un arbre. C'est un merle d'Amérique. La prochaine fois que tu entendras ce chant mélodieux, tu sauras quel oiseau se trouve dans les parages.

MERLE D'AMÉRIQUE

INFOS

ORNITHOLOGIE
Branche de la zoologie qui étudie les oiseaux

ORNITHOLOGUE
Zoologiste qui étudie les oiseaux

OISEAUX
Vertébrés qui ont des plumes, un bec, deux pattes et deux ailes

PARADISIER ROYAL

Il existe **39 ESPÈCES** de **PARADISIERS.**

MANCHOT PAPOU

Pour observer les oiseaux, les ornithologues utilisent des jumelles, des télescopes d'observation… et leurs oreilles! Aux quatre coins du monde, les ornithologues ont recensé plus de 10 000 espèces d'oiseaux, des manchots de l'Antarctique aux paradisiers de la forêt tropicale indonésienne.

Avec des **JUMELLES,** ce qui est éloigné semble **PROCHE.** Tu peux ainsi **OBSERVER** des animaux **ÉLOIGNÉS** sans les déranger.

49

Les ornithologues ne se contentent pas de recenser les espèces d'oiseaux et d'étudier leurs chants. Ils s'intéressent aussi à leur alimentation et aux soins qu'ils donnent à leurs petits. Ils suivent également les habitudes migratoires des oiseaux d'une saison à l'autre. De plus, ils peuvent te donner des conseils sur le type de nourriture à déposer dans ta mangeoire à oiseaux!

La plupart des oiseaux **CONSTRUISENT DES NIDS** où ils **PONDENT LEURS ŒUFS** et **ÉLÈVENT LEURS PETITS.**

GOBEMOUCHE AZURÉ

Certaines **ESPÈCES D'OISEAUX** vivent toute l'année au même endroit. D'autres, comme les **OIES DES NEIGES, MIGRENT** vers des régions chaudes lorsque l'**HIVER** arrive.

Si tu pouvais devenir un oiseau, quelles couleurs choisirais-tu pour tes ailes?

AMUSE-TOI!

Peux-tu identifier les différentes parties du corps de cet oiseau?

PLUMES

BEC

PATTES

AILES

TÊTE

QUEUE

COLIBRI THALASSIN

BÊTES À FOURRURE

Bien des gens aiment avoir un mammifère comme animal de compagnie. Les animaux de compagnie sont tellement doux et mignons! Tu peux avoir un chien, un chat ou un hamster. Ce sont tous des mammifères, comme toi!

52

INFOS

MAMMALOGIE
Branche de la zoologie qui étudie les mammifères

MAMMALOGISTE
Zoologiste qui étudie les mammifères

MAMMIFÈRES
Vertébrés qui nourrissent leurs petits de lait maternel et dont le corps est couvert de poils ou de fourrure

ORNITHORYNQUE

ÉCHIDNÉ

La majorité des espèces de **MAMMIFÈRES DONNENT NAISSANCE** à des petits déjà formés, mais il y en a deux qui **PONDENT DES ŒUFS** : l'**ÉCHIDNÉ** et l'**ORNITHORYNQUE**. Ces deux espèces vivent dans les régions sauvages de l'Australie.

Observe ton animal de compagnie comme le ferait un mammalogiste dans la nature. Photographie ton animal : les photos pourront t'aider à remarquer des changements chez lui au fil du temps.

Cet énorme **GORILLE DES MONTAGNES** est un mâle qui vit dans un parc national du **RWANDA**. Il ne reste que quelques centaines de ces animaux dans le monde. Les **MAMMALOGISTES** cherchent des moyens de les protéger.

ÉLÉPHANT

Les mammalogistes se posent beaucoup de questions sur les animaux sauvages. Où préfèrent-ils vivre? Comment se développent-ils? Comment trouvent-ils leur nourriture?

Comme les autres zoologistes, les mammalogistes choisissent souvent d'étudier une espèce de mammifère en particulier pendant des années. Il leur arrive même d'aller vivre dans la nature pour observer de plus près certains animaux comme les gorilles, les éléphants, les loups ou les léopards.

Quel animal sauvage aimerais-tu le plus étudier? Pourquoi?

AMUSE-TOI!

Il y a des mammifères de toutes formes et de toutes tailles. Saurais-tu nommer les différents mammifères avec les indices qui te sont donnés?

1 Ce mammifère chasse avec ses griffes et ses crocs acérés. La face du mâle est entourée d'une crinière.

2 Grâce à son long cou, ce mammifère peut atteindre les délicieuses feuilles des plus hautes branches.

3 Ce mammifère gruge et abat des arbres avec ses dents solides et tranchantes pour construire des barrages.

4 Ce mammifère a le corps couvert de poils raides et le plus long nez de tous les animaux.

5 Ce mammifère vit et chasse au sein d'un groupe qu'on appelle une meute.

6 Ce mammifère est très petit. Il y en a peut-être un qui se cache dans ta maison.

DE LA TERRE À LA LUMIÈRE

Les **GRAINES** se trouvent habituellement **À L'INTÉRIEUR** des **FLEURS** d'une plante.

Les plantes ne peuvent pas courir, sauter et jouer comme les animaux. Malgré tout, ce sont des êtres vivants. Elles aussi ont besoin d'eau et d'oxygène pour croître. Les plantes vertes ne se nourrissent pas comme nous. Elles produisent leur propre nourriture en absorbant l'énergie du soleil. La plupart des plantes peuvent s'incliner lentement ou pivoter légèrement pour que leurs feuilles soient exposées au soleil.

FLEUR

INFOS

BOTANIQUE
Branche de la biologie qui étudie les plantes

BOTANISTE
Biologiste qui étudie les plantes

PLANTES
La plupart ont des racines, une tige et des feuilles

FEUILLE

TIGE

RACINES

AMUSE-TOI!

Fais pousser une plante à partir d'une graine.

MATÉRIEL

- Une graine
- Un pot de fleurs ou un contenant avec un petit trou au fond (pour que le surplus d'eau puisse s'écouler)
- De la terre
- De l'eau
- Une fenêtre du côté du soleil

| Remplis ton pot de terre. | Enfonce la graine à 2 cm environ dans la terre. | Recouvre la graine de terre. | Arrose la terre avec de l'eau. |

Place ton pot sur le rebord d'une fenêtre ensoleillée. Maintenant, il te suffit d'attendre et d'observer. Après quelques jours, ta graine commencera à pousser. Jette un œil sur le pot de fleurs chaque jour et assure-toi que la terre est humide.

Une fois que le germe apparaît, prend une règle pour mesurer sa croissance de jour en jour. N'oublie pas de tout noter dans ton journal scientifique.

L'AGRICULTURE

Tous les êtres vivants ont besoin de nourriture, et notre nourriture à nous vient d'autres êtres vivants. Dans la nature, les animaux mangent des plantes ou des animaux qu'ils ont chassés.

La plupart des gens mangent des végétaux ou des animaux provenant de fermes. Le travail des agronomes consiste à améliorer la façon dont nous produisons la nourriture.

MICROSCOPE

VACHE LAITIÈRE

INFOS

AGRONOMIE
Science de l'agriculture

AGRONOME
Scientifique qui utilise la science agricole pour que les gens aient de la nourriture

Les **VERS DE TERRE** vivent dans le **SOL**. Ils aident à garder la terre **SAINE** et fertile pour les **PLANTES.**

FRAISES

Une partie de notre nourriture vient des plantes. Pour grandir, les plantes ont besoin des nutriments dans le sol. Un agronome pédologue est un spécialiste du sol qui essaie de rendre les sols meilleurs pour les plantes. D'autres aliments comme le lait, les œufs et la viande viennent des animaux d'élevage.

MAÏS DANS UN CHAMP

Quels sont tes trois aliments préférés?

LES MILIEUX NATURELS

Imagine un étang au milieu d'un pré verdoyant. Un oiseau vole au-dessus de l'eau et attrape un insecte avec son bec. Les poissons vont rapidement se réfugier parmi les plantes sous-marines. Un chevreuil s'approche de l'étang pour boire, puis va grignoter les feuilles d'un buisson. Tout cela fait partie d'un écosystème qu'on pourrait appeler le milieu naturel.

Un écosystème peut être un récif de corail, une forêt ou simplement ce qui se trouve en dessous d'un tronc d'arbre. Un écosystème comprend toutes les plantes et tous les animaux qui y vivent, ainsi que l'eau, la lumière du soleil, l'air et la terre. Tous les éléments d'un écosystème sont interreliés d'une façon ou d'une autre.

INFOS

ÉCOSYSTÈME
Ensemble d'êtres vivants qui interagissent entre eux et avec l'environnement

ÉCOLOGIE
Science des écosystèmes

ÉCOLOGUE
Scientifique qui étudie les écosystèmes

Un **ÉCOLOGUE** observe les relations entre les différents éléments d'un **ÉCOSYSTÈME**. Si nous **COMPRENONS** le fonctionnement d'un écosystème, nous pouvons faire en sorte qu'il soit en **SANTÉ**.

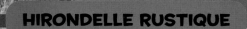

HIRONDELLE RUSTIQUE

ACHIGAN À PETITE BOUCHE

CHEVREUIL

Les écologues explorent toutes sortes d'écosystèmes aux quatre coins du monde. En voici quelques-uns.

La **FORÊT TROPICALE HUMIDE** est un endroit chaud et verdoyant où il pleut beaucoup. Toutes sortes de plantes et d'animaux **VIVENT ENSEMBLE** dans ce genre d'**ÉCOSYSTÈME.**

Les **DÉSERTS** sont arides. On n'y trouve pratiquement **AUCUN ÊTRE VIVANT.** Les animaux et les plantes des déserts doivent pouvoir **SURVIVRE** avec **TRÈS PEU D'EAU.**

SURICATES

Une **PRAIRIE** est un vaste terrain recouvert de **VÉGÉTATION HERBACÉE.** Les animaux qui y vivent, comme le **BISON** et l'**ANTILOPE,** doivent toujours avoir accès à une grande quantité d'herbe pour **SE NOURRIR.**

Quel écosystème aimerais-tu le plus visiter? Pourquoi?

La **TOUNDRA** est un endroit aride où les hivers sont **LONGS ET FROIDS.** Les plantes y sont rabougries et poussent **AU RAS DU SOL.** Seuls les animaux qui ont de l'endurance et qui aiment le froid peuvent **SURVIVRE** dans la toundra.

EXPLORE
TON QUARTIER

Ton jardin et le parc de ton quartier sont aussi des écosystèmes. La prochaine fois que tu iras dehors, essaie d'explorer ces écosystèmes comme le ferait un scientifique.

Essaie de rester immobile un petit moment et observe les **ANIMAUX** autour de toi. Il peut y en avoir sur le **SOL**, dans le **CIEL** ou dans un **ARBRE**.

Combien de plantes et d'animaux différents vivent dans ton écosystème? Dessine deux colonnes sur une page de ton journal scientifique. Écris « Plantes » en haut de la première et « Animaux » en haut de la seconde. Chaque fois que tu joues dehors, prends un instant pour noter ou dessiner toutes les créatures vivantes que tu y vois.

CHAPITRE TROIS
LA TERRE ET L'ESPACE

Les scientifiques de la Terre étudient l'air, l'eau et les roches qui forment notre planète. Les spatiologues étudient les étoiles et les autres planètes. Au chapitre suivant, tu en apprendras davantage à propos de ces scientifiques.

LA PLANÈTE TERRE

Nous vivons tous sur une planète appelée Terre. Nous pouvons y vivre parce qu'il y a de l'air à respirer et de l'eau à boire. Nous utilisons les roches pour construire des choses et le sol pour faire pousser des plantes. Nous dépendons tous de ce que nous donne la Terre pour vivre.

Dans l'espace, les astronautes prennent énormément de photos de la Terre. À cause des océans, notre planète a l'air d'être presque entièrement bleue. Il y a aussi des nuages blancs qui tourbillonnent dans le ciel. Les roches et la terre sont grises ou brunes, et les plantes donnent une couleur verte à certains endroits.

INFOS

SCIENCES DE LA TERRE
Sciences de la planète Terre

SCIENTIFIQUE DE LA TERRE
Scientifique qui étudie la planète Terre

TERRE
Notre planète, qui est composée d'air, d'eau, de terre et de roches

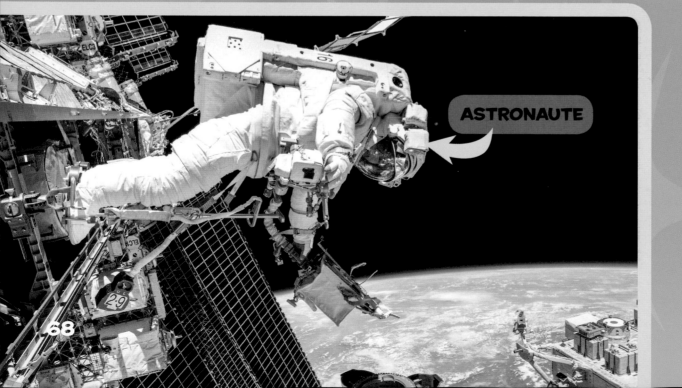

ASTRONAUTE

LA TERRE

Un **PLANÉTOLOGUE** étudie les planètes, comme la **TERRE**, et les autres éléments dans l'**ESPACE.**

TERRE DE PIERRES

La prochaine fois que tu iras dehors, regarde bien le sol. Essaie d'y trouver de petites roches. Les roches et la terre composent la majeure partie du sol sous nos pieds.

MARTEAU BRISE-ROCHE

Les **GÉOLOGUES** brisent les roches à l'aide de **MARTEAUX BRISE-ROCHE** pour **VOIR** ce qu'il y a à l'**INTÉRIEUR.** Ils en retirent de **PETITS MORCEAUX** pour les étudier plus tard.

Les géologues s'intéressent à la surface de la Terre et aussi à ce qu'il y a en dessous. Ils explorent les canyons, où les couches de roche s'empilent comme les couches d'un gâteau de fête. Chaque couche donne aux géologues des indices sur ce qui se passait sur Terre à d'autres époques.

INFOS

GÉOLOGIE
Science des roches

GÉOLOGUE
Scientifique qui étudie les roches

Il peut être amusant de trouver, de collectionner et de classer des roches. Tu pourrais, par exemple, les classer par couleur. Tu pourrais aussi les classer selon qu'elles sont lisses ou rugueuses. Une autre possibilité serait de les classer par ordre de grandeur, de la plus grande à la plus petite.

Les géologues ont appris quand, où et comment se forment les différents types de roches.

GRÈS

MUDSTONE

CALCAIRE

AMUSE-TOI!

Peux-tu trouver quatre choses faites de roche?

DÉTERRER LE PASSÉ

Un paléontologue examine un fossile de baleine en Égypte.

Chercher des fossiles, c'est un peu comme participer à une chasse au trésor. Les paléontologues ont besoin d'indices pour savoir où commencer leurs fouilles. Les géologues dressent des cartes qui indiquent aux paléontologues où se trouvent les couches rocheuses les plus susceptibles de contenir des fossiles.

INFOS

FOSSILE
Partie d'un être vivant qui a été préservée ou conservée dans le roc

PALÉONTOLOGIE
Science des fossiles

PALÉONTOLOGUE
Scientifique qui étudie les fossiles

DINOSAURE À BEC DE CANARD

Au fond des canyons, les couches rocheuses sont bien visibles. Tout comme les géologues, les paléontologues explorent souvent ce genre d'endroit. Ils sont à la recherche de petits fragments d'os fossilisés. Parfois, les paléontologues déterrent morceau par morceau une piste menant à un trésor. D'autres fois, ils découvrent un énorme os de dinosaure émergeant de la paroi rocheuse d'un canyon.

Les paléontologues examinent les **ROCHES** et les **COUCHES ROCHEUSES** pour y découvrir des **INDICES** sur la vie dans le **PASSÉ.**

La plupart du temps, seule une partie de l'os est visible. Le reste est caché dans le roc. Les scientifiques se demandent alors de quel type de dinosaure il peut s'agir. Est-ce un tyrannosaure carnivore? Ou un herbivore, comme un dinosaure à bec de canard? La seule façon de le savoir, c'est de creuser!

Les **COQUILLAGES,** les **FEUILLES** et même les **EMPREINTES DE PATTES** peuvent devenir des **FOSSILES.**

Les paléontologues creusent le sol à l'aide de pioches et de pelles. Ils remplissent des seaux de roches et de terre, et les vident plus loin. À mesure qu'ils creusent, ils découvrent d'autres os fossilisés.

Ils prennent alors de petits outils, comme une alène, un explorateur dentaire et une brosse douce, pour enlever la terre et les roches. Ils travaillent lentement et minutieusement pour éviter de briser les fossiles.

Ils prennent des photos des os et décrivent leurs observations dans leur journal. Les données qu'ils recueillent leur fourniront des indices sur la vie et la mort du dinosaure.

Une fois les fossiles extraits du sol, les scientifiques les offrent à un musée. Ils y seront exposés pour que tout le monde puisse les voir.

TYRANNOSAURE

ALÈNE

TRUELLE

BROSSE DOUCE

PIOCHE

Si tu pouvais être un dinosaure, serais-tu un carnivore ou un herbivore?

LES VOLCANS

Très loin dans les profondeurs de la Terre (bien en dessous des fossiles), des roches deviennent très chaudes. À certains endroits, il y a des poches de roches si chaudes qu'elles ont partiellement fondu : c'est ce qu'on appelle le magma. Le magma cherche à remonter à la surface par des fissures dans la croûte terrestre, c'est-à-dire la couche externe de notre planète. Lorsque le magma arrive à la surface... *boum!* Des gaz chauds et de la cendre sont expulsés dans les airs, et de la lave coule et recouvre le sol. C'est une éruption volcanique.

Volcan équatorien en éruption

INFOS

VOLCANOLOGIE
Branche de la géologie qui étudie les volcans

VOLCANOLOGUE
Scientifique de la Terre qui étude les volcans

78

Des scientifiques étudient un volcan en Italie

À l'aide de sismographes, les volcanologues enregistrent les vibrations à l'intérieur des volcans. Certains types de vibrations veulent dire qu'une éruption est imminente. Les volcanologues alertent alors les gens qui vivent à proximité pour qu'ils aient le temps de se mettre à l'abri.

Sous la surface de la Terre, la roche en fusion s'appelle le **MAGMA**. Lorsqu'elle s'échappe d'un **VOLCAN**, elle s'appelle la **LAVE.**

VOLCAN

MAGMA

LAVE

LES TREMBLEMENTS DE TERRE

Des **SECOURISTES** viennent en aide aux gens près d'un immeuble qui s'est écroulé pendant un important **SÉISME** à Taïwan.

INFOS

SISMOLOGIE
(sis-mo-lo-gi)
Branche de la géologie qui étudie les tremblements de terre

SISMOLOGUE
Géologue qui étudie les tremblements de terre

Un tremblement de terre, ou séisme, se produit lorsque de grandes sections de roche de la croûte terrestre se déplacent soudainement.

Dans la zone du tremblement de terre, les murs des immeubles vibrent et tremblent. Les casseroles et les chaudrons tombent des étagères. La plupart du temps, les séismes ne durent que quelques instants.

Les **LIGNES ONDULÉES** produites par le **SISMOGRAPHE** représentent les **VIBRATIONS** produites par un tremblement de terre.

Lorsqu'il y a un tremblement de terre quelque part, les vibrations, ou ondes, se dispersent dans le monde entier. Les sismologues ont installé des sismographes à de nombreux endroits partout dans le monde. Ces sismographes enregistrent la vitesse et la force des ondes. Ces données aident les géologues à « voir » ce qui se passe jusqu'au cœur même de la Terre.

LE BLEU PROFOND DE L'OCÉAN

INFOS

OCÉANOGRAPHIE
Science des océans

OCÉANOGRAPHE
Scientifique qui étudie les océans

Les océanographes se demandent quels mystères se cachent dans l'océan. Pour explorer le monde sous-marin, ils doivent porter une combinaison de plongée ainsi que des lunettes pour bien voir.

Des océanographes au travail dans l'Arctique

W322

STV

RÉSERVOIR D'AIR COMPRIMÉ

COMBINAISON DE PLONGÉE

Les **OCÉANS** recouvrent près des trois quarts de la **SURFACE DE LA TERRE.**

Les océanographes analysent l'eau pour s'assurer qu'elle n'est pas nocive pour les plantes et les animaux qui y vivent. Ils prennent des notes au sujet des fonds marins et des créatures qui y ont élu domicile.

Un océanographe peut explorer le même endroit pendant des mois ou des années pour voir comment il change. Il recueille des données qui aident les scientifiques à trouver des façons de garder les écosystèmes marins en santé.

Les **RÉCIFS DE CORAIL** comme celui-ci **ABRITENT** de nombreux **POISSONS** et d'**AUTRES ANIMAUX.**

Le point le plus profond de tous les océans se trouve dans la **FOSSE DES MARIANNES,** à un endroit appelé **CHALLENGER DEEP.** Il te faudrait descendre **TOUT DROIT** pendant près de 11 km avant de toucher le fond!

Certaines parties de l'océan sont bien trop profondes pour qu'on puisse s'y aventurer, même en combinaison de plongée. Pour descendre si bas, les scientifiques ont besoin d'un submersible, un petit véhicule très résistant. C'est un véhicule autonome muni d'une réserve d'oxygène pour ses passagers.

Grâce aux submersibles, les océanographes peuvent explorer des parties de l'océan si profondes que même la lumière du soleil ne peut les atteindre. Ces véhicules ont des phares très puissants pour aider les scientifiques à y voir quelque chose.

CHEMINÉE
HYDROTHERMALE

Une **CHEMINÉE HYDROTHERMALE** est une ouverture dans le **PLANCHER OCÉANIQUE.** Elle libère d'énormes panaches d'**EAU CHAUDE** qui ressemblent à la fumée d'un **VOLCAN.**

Les scientifiques ont découvert d'**ÉTRANGES ANIMAUX** près de ces **CHEMINÉES,** comme ce crabe et ce poisson.

CRABE YÉTI

BAUDROIE
ABYSSALE

ombien d'animaux
marins peux-tu nommer?

85

QUEL TEMPS FAIT-IL?

Tandis que les océanographes étudient l'océan, les météorologues ont les yeux fixés sur le ciel. Tous les jours, les météorologues surveillent la météo. Ils mesurent la température de l'air, la pression atmosphérique et la vitesse du vent. Avec toutes ces données, les météorologues essaient de prévoir le temps qu'il fera.

INFOS

MÉTÉOROLOGIE
Science de l'atmosphère et de la météo

MÉTÉOROLOGUE
Scientifique qui étudie l'atmosphère et tente de prévoir le temps qu'il fera

Un **THERMOMÈTRE** mesure la température d'une chose et indique si elle est **CHAUDE OU FROIDE.**

ANÉMOMÈTRE

BAROMÈTRE DE POCHE

Un **ANÉMOMÈTRE** sert à mesurer la **VITESSE DU VENT.**

L'AIR qui nous entoure **A UN POIDS** et **EXERCE UNE PRESSION** sur nous. C'est ce qu'on appelle la **PRESSION ATMOSPHÉRIQUE.** Un **BAROMÈTRE** mesure la pression atmosphérique.

87

Les météorologues surveillent les tempêtes dangereuses. Ils avertissent les gens bien avant pour qu'ils puissent se mettre à l'abri.

Les **NUAGES** sont composés de minuscules gouttelettes d'**EAU**. Il faut environ **UN MILLION DE GOUTTELETTES** pour faire **UNE SEULE GOUTTE DE PLUIE** suffisamment lourde pour tomber.

RADAR MÉTÉOROLOGIQUE

CES SCIENTIFIQUES ONT L'ŒIL SUR UNE GROSSE TEMPÊTE.

Et toi, quel temps préfères-tu?

AMUSE-TOI!

Tiens un journal météorologique!

Quand tu vois de gros nuages noirs dans le ciel, tu comprends qu'il va probablement pleuvoir bientôt. Si tu veux apprendre à faire de meilleures prévisions météorologiques, tu dois tenir un journal.

Dans ton journal, dessine un tableau avec une case pour chaque jour du mois. À la fin de chaque jour, indique si le temps était ensoleillé ou nuageux, s'il pleuvait, s'il neigeait ou s'il ventait. Le temps peut aussi changer au cours de la journée. Assure-toi de tout indiquer.

Essaie d'inscrire le temps qu'il fait tous les jours pendant au moins un mois. Voici un exemple de journal météorologique.

RÉCHAUFFEMENT CLIMATIQUE

Les climatologues étudient une énorme quantité de données météorologiques qui ont été recueillies au fil de nombreuses années. Ils comparent les données d'année en année pour déceler les changements.

De nos jours, le climat de la région arctique change très rapidement. Les climatologues s'y rendent plusieurs fois par année. Ils notent la température de l'air, prennent des photos des glaciers et calculent leur taille.

Les études montrent que les températures augmentent. Les glaciers fondent et rétrécissent. Les données climatiques que les scientifiques recueillent les aident à comprendre ce qui cause les changements climatiques de la Terre et à quelle vitesse ils se produisent.

INFOS

CLIMAT
Conditions météorologiques dans une région donnée, sur une longue période (au moins 30 ans)

CLIMATOLOGUE
Scientifique qui étudie le climat de la Terre

Les **GLACIERS** sont de vastes champs de **GLACE.** On les trouve dans les **RÉGIONS FROIDES** où les **COUCHES DE NEIGE** se sont accumulées pendant des **CENTAINES D'ANNÉES.**

Ces scientifiques prennent des photos à l'intérieur d'un **GLACIER. L'EAU QUI A FONDU** à la surface du glacier a creusé ce **TUNNEL** dans la glace.

Un scientifique étudie un glacier en Alaska.

L'ESPACE

Le soleil s'est couché. Tu lèves les yeux vers le ciel nocturne. Tu vois des étoiles briller dans le noir. Quand tu regardes les étoiles, tu vois ce qui se trouve loin dans l'espace. Les astronomes se servent de télescopes géants pour examiner les étoiles de plus près. Notre Soleil est aussi une étoile. C'est l'étoile la plus proche de la Terre. Les astronomes étudient les différences entre notre Soleil et les autres étoiles.

TÉLESCOPE

Les scientifiques utilisent des **TÉLESCOPES** pour voir de **PRÈS** des objets qui se trouvent à des **MILLIONS DE KILOMÈTRES.**

Notre **SOLEIL** fait partie des **MILLIARDS D'ÉTOILES** qui forment notre galaxie, la **VOIE LACTÉE.**

INFOS

ASTRONOMIE
Science des étoiles et des planètes

ASTRONOME
Scientifique qui étudie les étoiles et les planètes

Les astronomes étudient aussi notre Lune et les autres planètes en orbite autour du Soleil. Jusqu'ici, la Lune est le seul endroit où les humains ont réussi à se poser.

Un jour, peut-être, des astronautes exploreront d'autres planètes, mais pour l'instant, les scientifiques y envoient des robots télécommandés qu'on appelle des rovers. Certains ont atterri sur Mars et Vénus. D'autres sont passés près d'autres planètes.

Les rovers recueillent des données et prennent des photos qu'ils transmettent aux scientifiques sur Terre. Ils nous aident à en apprendre davantage sur la composition des planètes. Ils cherchent aussi des signes de vie.

SOLEIL

MARS

TERRE

VÉNUS

MERCURE

ALUNISSAGE

Douze **ASTRONAUTES** ont marché **SUR LA LUNE.** Ils ont rapporté sur la Terre des **ROCHES LUNAIRES** que **LES SCIENTIFIQUES** voulaient **ÉTUDIER.**

La **TERRE** et les autres planètes **TOURNENT AUTOUR DU SOLEIL.** La Lune tourne autour de la Terre.

NEPTUNE

URANUS

SATURNE

JUPITER

Le **ROVER** baptisé *CURIOSITY* a pour mission d'explorer la planète **MARS.** Il est muni de **ROUES** et peut se déplacer à la **SURFACE D'UNE PLANÈTE.**

Si c'était possible, quelle planète aimerais-tu visiter?

CHAPITRE QUATRE
LES SCIENCES PHYSIQUES

Voici un chapitre sur le travail des physiciens. Ce sont des scientifiques qui étudient le mouvement et la transformation de la matière.

TOUT EST MATIÈRE

Regarde autour de toi.
Tu vois ta maison, tes jouets, tes animaux de compagnie, ta nourriture, les roches, le sol, l'eau. Tout cela est composé de matière. La matière, c'est tout ce qui peut être pesé ou mesuré et qui occupe une place dans l'espace, toi y compris!

INFOS

MATIÈRE
Tout ce qui existe dans le monde est fait de matière

SCIENCES PHYSIQUES
Sciences de tout ce qui concerne la matière, y compris ses mouvements et ses transformations

Les scientifiques ont découvert il y a longtemps que la matière était composée de minuscules particules. On a appelé ces particules les atomes. Il existe environ 115 types d'atomes. Ils sont bien trop petits pour qu'on puisse les voir, mais ils sont un peu comme 115 blocs de construction de formes différentes. Les atomes peuvent être liés entre eux de millions de façons. Tout ce qu'il y a dans le monde est fait de ces minuscules blocs de construction.

Deux **ATOMES** ou plus qui **SONT LIÉS** forment un type de **PARTICULE** appelé **MOLÉCULE**.

LUNETTES DE SÉCURITÉ

Un **LABORATOIRE** est une salle remplie d'**OUTILS** utilisés par les chimistes.

FLACON

MICROSCOPE

BÉCHER

UN BEAU MÉLANGE

Les chimistes étudient la façon dont la matière se transforme. En mélangeant des quantités précises de substances variées, les chimistes essaient de créer des substances nouvelles ou différentes utiles pour les gens.

INFOS

CHIMIE
Science de la transformation de la matière

CHIMISTE
Scientifique spécialiste de la chimie

Quand tu mélanges deux substances dans un bécher (par exemple du bicarbonate de soude et du vinaigre), tu fais de la chimie. Séparément, le bicarbonate de soude et le vinaigre n'ont rien de très excitant. Mais si tu les mélanges… surprise! Cela crée une réaction chimique qui produit une nouvelle substance, un gaz qu'on appelle le dioxyde de carbone. C'est ce gaz qui crée toutes ces bulles dans le bécher.

ÉPROUVETTE

Les **CHIMISTES** mélangent les substances dans des **BÉCHERS EN VERRE,** des cylindres et des **ÉPROUVETTES.**

Le **DIOXYDE DE CARBONE** est le gaz qui fait **PÉTILLER** les boissons gazeuses.

On peut aussi mélanger des substances sans produire de réaction chimique. Quand tu ajoutes du sucre à de la limonade faite d'un mélange d'eau et de jus de citron, le sucre se dissout. Les molécules de sucre se dispersent dans le liquide, mais elles ne se transforment pas en quelque chose de nouveau. Il y a toujours trois types de molécules dans le verre : de l'eau, du jus de citron et du sucre. Pourtant, la limonade est maintenant différente : elle a un goût sucré!

Les chimistes transforment aussi les substances en les réchauffant ou en les refroidissant. Tu peux faire comme eux, toi aussi. Verse un peu de limonade dans un plateau à glaçons, puis mets celui-ci au congélateur pendant environ une heure.

Une fois que la limonade à l'état liquide a bien refroidi, elle devient solide sous forme de glace. Si tu veux qu'elle redevienne liquide, il suffit de laisser les glaçons fondre à la température ambiante.

GLACE

Il y a **TROIS ÉTATS** de la matière : **SOLIDE, LIQUIDE** et **GAZEUX.** La **GLACE** est l'état solide de l'eau.

Si un **LIQUIDE** devient chaud, il se transforme en **GAZ.** L'eau bouillante produit de la vapeur, c'est-à-dire de l'eau à l'**ÉTAT GAZEUX.**

VAPEUR

Que préfères-tu boire lorsqu'il fait chaud?

LES FORCES MÉCANIQUES

INFOS

PHYSIQUE
Science du mouvement et des forces mécaniques

PHYSICIEN OU PHYSICIENNE
Scientifique spécialiste de la physique

Tes jouets, comme tes petites voitures, ne bougent pas si tu ne les touches pas. Mais qu'arrive-t-il si tu leur donnes une petite poussée? *Vroum!* Les voilà parties. Tu peux aussi tirer tes petites voitures avec une ficelle pour qu'elles te suivent. Les physiciens appellent les actions de pousser ou de tirer, des forces. Ce sont les forces qui font que les choses bougent.

Un autre type de force est la gravité. La gravité attire constamment tout, toi y compris, vers le centre de la Terre. Si une chose t'échappe des mains, elle tombe. C'est à cause de la gravité. Si tu sautes, tu retombes toujours sur le sol à cause de la gravité qui t'attire vers le bas.

Quelle est ta façon favorite de bouger?

ONDES SONORES

Si tu lances une pierre dans un étang, l'eau s'éloignera d'elle en créant des vagues. Et qu'arrive-t-il si tu laisses tomber une cuillère de métal sur un plancher de bois? Fais l'essai. La cuillère tombe par terre, frappe le plancher et produit un son métallique.

Une cuillère qui tombe sur le plancher le fait vibrer, et les vibrations se déplacent dans l'air de la même manière que les vagues sur l'eau de l'étang. Ces vibrations sont des ondes sonores, et quand ces ondes atteignent tes oreilles, tu entends le son de la cuillère qui frappe le plancher.

106

AMUSE-TOI!

Prends une baguette et place tes doigts sur le côté d'un tambour. Frappe le tambour avec la baguette. Tu peux entendre le bruit; mais peux-tu aussi sentir les vibrations? Ce que tu sens sous tes doigts, ce sont les ondes sonores. Maintenant, mets quelques grains de sable ou de la semoule de maïs sur le tambour. Cela t'aidera à « voir » le son.

ONDES LUMINEUSES

Les **PHYSICIENS** étudient la façon dont la **LUMIÈRE VOYAGE** dans l'**AIR** et l'**ESPACE** sous forme d'**ONDES.**

Regarde ce qu'il y a dans ta chambre, puis éteins toutes les lumières.
Baisse les stores ou tire les rideaux pour bloquer la lumière du soleil. Ta chambre semble soudainement différente. On dirait que toutes les couleurs ont disparu. C'est parce que tu as besoin de lumière pour voir les couleurs.

PRISME

Un **PRISME** fait dévier les **RAYONS DE LUMIÈRE.** Lorsqu'un rayon de lumière est dévié, les **COULEURS** qui le composent sont **SÉPARÉES.**

L'ÉNERGIE est transportée d'un endroit à un autre par diverses ondes : les **ONDES SONORES,** les **ONDES LUMINEUSES** et même les **VAGUES DE LA MER.**

La lumière est composée de sept couleurs : le rouge, l'orange, le jaune, le vert, le bleu, l'indigo et le violet. La lumière rebondit sur tous les objets qu'elle atteint. Quand tu regardes une feuille, tu vois qu'elle est de couleur verte. Cela veut dire que la feuille réfléchit surtout la lumière verte. Dès que tes yeux perçoivent cette lumière, tu sais de quelle couleur est la feuille.

ÉLECTRISANT!

Tu portes des chaussettes en laine, tu traînes les pieds sur le tapis et lorsque tu touches une poignée de métal... Zzzt! Tu reçois une petite décharge électrique. Tu vois peut-être même une étincelle entre ton doigt et la poignée.

Il y a longtemps, les physiciens s'interrogeaient beaucoup à propos de ce mystérieux phénomène. Ils l'ont nommé « électricité statique ». L'électricité qui fait fonctionner les choses dans nos maisons est appelée « électricité dynamique ».

ATOME

NEUTRONS

PROTONS

ÉLECTRONS

L'électricité produite par les grandes centrales électriques arrive dans ta maison par des fils. Puis, de la prise électrique, elle circule dans un autre fil jusqu'à ta lampe où l'ampoule transforme l'électricité en lumière.

Les atomes, ces minuscules particules dont la matière est faite, sont composés de particules encore plus petites : les protons, les neutrons et les électrons. Les électrons sont constamment en mouvement. Le déplacement des électrons d'un objet à un autre crée de l'électricité statique. Dans l'électricité dynamique, les électrons circulent dans une seule direction le long d'un fil.

Avant que des **SCIENTIFIQUES** découvrent comment utiliser l'**ÉLECTRICITÉ** pour produire de la lumière, les gens devaient lire à la **LUMIÈRE** d'une **CHANDELLE** ou d'une **LAMPE À L'HUILE**, le soir.

AMUSE-TOI!

Tous les jours, tu utilises l'électricité pour avoir de la lumière et faire fonctionner divers appareils. Parmi les objets suivants, combien ont besoin d'électricité pour fonctionner?

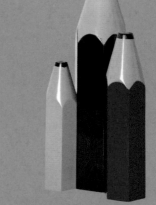

RÉPONSES : Sept (le four à micro-ondes, le téléphone cellulaire, l'aspirateur, le séchoir à cheveux, la télévision, la lampe et le grille-pain)

CHAPITRE CINQ

INVENTIONS GÉNIALES

Grâce aux connaissances scientifiques, les ingénieurs peuvent concevoir et construire de nouvelles choses. Dans le chapitre suivant, tu découvriras quelques-unes des plus grandes inventions que nous ont données les ingénieurs.

ESSAIS ET ERREURS

Les ingénieurs utilisent les connaissances scientifiques pour inventer de nouvelles choses et améliorer celles qui existent déjà. C'est grâce aux ingénieurs que nous avons des téléphones et des voitures, des bicyclettes et des ponts, des lumières et des horloges, des bateaux et des réfrigérateurs.

AILES

Un planeur, l'une des premières machines volantes

On ne peut pas inventer en un tour de main des choses très compliquées comme un avion. Il y a longtemps, des inventeurs étaient fascinés par le vol des oiseaux. Ils ont donc attaché à leurs bras des ailes faites de plumes et ont essayé de voler comme les oiseaux. Cette tentative a été un échec, alors d'autres inventeurs ont essayé de construire des machines volantes.

INFOS

INGÉNIERIE
Utilisation des connaissances scientifiques pour résoudre des problèmes

INGÉNIEUR OU INGÉNIEURE
Spécialiste qui examine les problèmes, puis conçoit et construit des inventions pour les résoudre

CHOUETTE LAPONE

Avec le temps, les inventeurs ont réalisé que la forme des ailes était le cœur du problème. Ils ont alors pu créer des machines qui volaient vraiment ou, du moins, qui planaient dans les airs sur de courtes distances. Les ingénieurs ont fini par découvrir comment construire des moteurs qui permettraient aux aéronefs de rester dans les airs plus longtemps et d'aller plus loin.

Les ordinateurs et les téléphones intelligents ont été **CONÇUS** par des **INGÉNIEURS.**

TYPES D'INGÉNIEURS

Les différents types d'ingénieurs utilisent des connaissances de différentes branches de la science. Voici une description du travail qu'ils font.

Les **INGÉNIEURS BIOMÉDICAUX** utilisent la biologie, la science médicale et la physique afin de créer des bras robotisés pour les gens qui ont perdu un bras dans un accident.

Les **INGÉNIEURS EN AÉROSPATIALE** utilisent l'astronomie et la physique pour concevoir des navettes spatiales avec lesquelles les humains pourront se rendre sur d'autres planètes.

Les **INGÉNIEURS EN MÉCANIQUE** utilisent la physique pour inventer des voitures fonctionnant sans conducteur.

Les **INGÉNIEURS EN ENVIRONNEMENT** veillent à ce que les écosystèmes soient propres et en santé.

Tous les ingénieurs et les scientifiques savent que la science n'a pas de limites. Chaque réponse soulève de nouvelles questions. Les gens qui ont conçu quelque chose d'utile se demandent immédiatement comment ils pourraient améliorer leur invention. En science, il y a toujours quelque chose à découvrir ou à inventer!

Les **INGÉNIEURS ÉLECTRICIENS** créent des panneaux solaires qui transforment l'énergie du soleil en électricité.

Qu'aimerais-tu inventer?

RÉSOLUTION DE PROBLÈMES

Les ingénieurs travaillent étape par étape, tout comme les scientifiques.

Ajoute une section sur l'ingénierie dans ton journal scientifique. Note tes idées et fais des dessins de tes inventions pour montrer aux autres comment elles fonctionnent.

Certaines inventions ne fonctionnent pas très bien. Mets-les de côté et essaie de concevoir autre chose. N'aie pas peur d'expérimenter!

Journal scientifique

Mon problème : Mes petites voitures ne bougent pas si je ne les pousse pas. Rien à faire!

Ma question : Comment puis-je utiliser la gravité pour les faire avancer?

Mon hypothèse : Quand je glisse sur une glissoire, je vais vite à cause de la gravité. Je pourrais construire une glissoire pour mes petites voitures.

Ce que j'ai fait : J'ai découpé deux pièces de carton rigide. Je les ai mesurées pour m'assurer que les glissoires étaient de la même taille. Chacune mesurait un mètre de long et 30 cm de large.

AMUSE-TOI et exprime ta **CRÉATIVITÉ.** Des choses incroyables peuvent arriver quand tu utilises ton **IMAGINATION** et tes **CONNAISSANCES** scientifiques!

Le test des glissoires

1. J'ai disposé les glissoires l'une à côté de l'autre.

2. J'ai placé un gros livre sous l'une d'entre elles, et deux gros livres sous l'autre.

3. J'ai placé une voiture au sommet de chaque glissoire et je les ai lâchées en même temps.

Ce qui est arrivé : La voiture sur la glissoire posée sur deux livres est allée plus vite et plus loin que l'autre.

Ce que j'ai appris : Plus la glissoire est haute, plus la voiture va vite.

Autres questions : Qu'arriverait-il si je plaçais trois livres sous une glissoire? Une glissoire très haute est-elle toujours la meilleure? Est-il possible qu'une glissoire soit trop haute?

Idées pour améliorer mon expérience : Parfois, l'une des voitures tombe à côté de la glissoire. Peut-être que si j'installais des garde-fous, les courses se dérouleraient mieux.

121

CONSEILS AUX PARENTS

Prolongez l'expérience de votre enfant une fois le livre terminé. La visite d'un musée des sciences est une excellente façon d'éveiller l'intérêt des enfants pour les différents aspects de la science. La bibliothèque de votre quartier est un bon endroit où trouver des livres d'expériences et d'activités scientifiques pratiques adaptées à l'âge de votre enfant. Voici quelques idées pour vous lancer.

OMBRES CHINOISES
(PHYSIQUE)

Vous avez seulement besoin d'une lampe de poche et d'un mur nu. Dirigez le faisceau de lumière vers le mur et demandez à votre enfant de mettre sa main dans le faisceau. Faites-lui remarquer l'ombre que sa main crée sur le mur. Expliquez-lui que sa main bloque le faisceau de lumière. Demandez-lui de faire avec sa main la forme d'un oiseau. Encouragez votre enfant à faire d'autres choses : un lapin, un chien ou un crocodile, par exemple.

SOLIDE OU LIQUIDE?
(CHIMIE)

Si vous avez une boîte de fécule de maïs à la maison, votre enfant et vous pourrez concocter un peu d'Oobleck. Le nom Oobleck a été donné à la substance gélatineuse dont parle l'un des livres du Dr Seuss. Versez une tasse (250 ml) d'eau dans un grand bol. Saupoudrez lentement 2 tasses (220 g) de fécule de maïs tout en remuant le mélange. Continuez de mélanger jusqu'à ce que la substance soit lisse et gluante.

Demandez à votre enfant de décrire cette incroyable nouvelle substance.

Est-ce un liquide ou un solide? Demandez-lui de la verser dans un autre bol. Qu'arrive-t-il si on la touche du doigt ou si on la tapote? Prenez-en un peu et faites-en une boule, puis laissez la boule dans votre paume ouverte un instant. Demandez à votre enfant de décrire ce qui se passe.

L'Oobleck agit parfois comme un liquide et parfois comme un solide. Si votre enfant adore apprendre de nouveaux mots scientifiques, vous pouvez lui dire que l'Oobleck est un « fluide non newtonien ».

ŒUF + CHALEUR
(CHIMIE)

La chimie étudie la transformation de la matière. Or, tous les jours, on transforme des substances en les cuisinant. La prochaine fois que vous ferez chauffer une poêle à frire devant votre enfant, profitez-en pour lui parler des mesures de sécurité à prendre près d'une cuisinière. Demandez-lui de casser un œuf cru et de verser son contenu doucement dans la poêle. Qu'arrive-t-il à l'œuf qui cuit? Demandez à votre enfant de décrire la façon dont l'œuf se transforme à mesure

qu'il cuit. Change-t-il d'apparence ou d'odeur? Produit-il des sons?

PROMENADE DANS LA NATURE (ÉCOLOGIE)

Il n'y a rien de tel qu'une promenade dans la nature pour encourager les enfants à penser comme des scientifiques. Lorsque vous vous promènerez au parc de votre quartier ou dans un centre d'interprétation de la nature, encouragez votre enfant à observer ce qui l'entoure et à poser des questions. Vous pouvez aussi transformer cette activité amusante en véritable expédition scientifique en aidant votre enfant à écrire un journal scientifique. Il pourra y décrire et illustrer ses observations pour les partager avec d'autres.

LES PHASES DE LA LUNE (ASTRONOMIE)

Lorsque cela est possible, les enfants adorent observer le ciel nocturne. Si vous vivez quelque part où vous avez un bon accès à l'extérieur, réservez quelques soirées pour observer la Lune. (Consultez un calendrier lunaire pour savoir quand la Lune va se lever et à quelle phase elle sera ces soirs-là.)

Demandez à votre enfant de dessiner les phases de la Lune chaque soir. Si votre enfant vous demande pourquoi la forme de la Lune change, cherchez ensemble un livre sur le sujet à votre bibliothèque de quartier. Des jumelles ou un télescope permettront à votre enfant de bien voir les cratères lunaires.

MAISON EN CUBES (INGÉNIERIE)

Un jeu de construction est un bon outil pour aider votre enfant à apprendre ce que sont les forces de la physique et à créer des structures de plus en plus complexes, mais stables.

LA SCIENCE EST PARTOUT

Vous n'êtes pas obligé de préparer des activités spéciales pour sensibiliser votre enfant à la science. Il vous suffit de l'encourager à poser des questions. Ensuite, donnez-lui de l'espace pour travailler et du temps pour formuler ses propres hypothèses et faire ses propres prédictions. Au besoin, aidez-le à observer en lui montrant des détails qu'il n'avait peut-être pas remarqués tout de suite.

Montrez-lui comment mesurer et peser les objets aussi précisément que possible et demandez-lui de comparer les différentes quantités et qualités des choses. Aidez votre enfant à trouver lui-même des réponses à la bibliothèque ou sur Internet.

GLOSSAIRE

ABDOMEN : Partie postérieure du corps d'un insecte; ventre d'un mammifère.

ARCTIQUE : Région la plus au nord du monde, autour du pôle Nord.

ASTRONAUTE : Personne qui a suivi un entraînement spécial pour aller dans l'espace.

ATOME : La plus petite particule de matière qui a les mêmes propriétés et caractéristiques que la substance qu'elle compose; les atomes sont constitués de neutrons, de protons et d'électrons.

CHALEUR : Énergie ajoutée à une substance, qui fait augmenter sa température.

CHRYSALIDE : Enveloppe qui protège une nymphe pendant sa transformation en papillon.

CLIMAT : Conditions météorologiques habituelles d'une région, enregistrées sur une longue période (généralement au moins 30 ans).

CORDES VOCALES : Replis de la gorge qui vibrent lorsque l'air y circule et qui produisent les sons de la voix.

CYCLE DE VIE : Succession des changements qui interviennent dans la vie d'un être vivant, c'est-à-dire la naissance, la croissance, la reproduction, le vieillissement et la mort.

DISSOUDRE : Diluer une substance solide ou un gaz dans une substance liquide.

ÉLECTRICITÉ : Forme d'énergie générée par la circulation des électrons.

ÉLECTRON : La plus petite partie de l'atome; les électrons tournent autour du noyau de l'atome.

ÉNERGIE : Pouvoir de bouger ou de fonctionner.

ESPACE : Univers au-delà de l'atmosphère terrestre.

ÉTOILE : Énorme objet rond et lumineux, situé dans l'espace et composé de gaz incandescents, comme le Soleil.

FORÊT TROPICALE : Zone de végétation très dense où il pleut souvent.

GAZ : Un des trois états de la matière.

LIQUIDE : Un des trois états de la matière.

MÉTÉO : Température, force du vent et humidité dans l'air, à un moment et à un endroit donnés.

MICROBE : Minuscule être vivant unicellulaire qui peut infecter et rendre malade une personne ou un animal.

MOLÉCULE : Deux atomes ou plus liés par une liaison chimique.

NEUTRONS : Minuscules particules qui, avec les protons, constituent le noyau d'un atome.

NUTRIMENT : Ingrédient de la nourriture des gens, des animaux et des plantes, qui les aide à grandir et à rester en bonne santé.

ONDES : Vibrations qui se déplacent; les ondes sonores se déplacent dans l'air, l'eau ou la matière solide; les ondes lumineuses se déplacent dans le vide.

ORDINATEUR : Machine qui peut emmagasiner et traiter d'énormes quantités de données, faire des calculs en une fraction de seconde et repérer des séquences dans les données.

OXYGÈNE : Gaz présent dans l'air qui est aussi dissous dans l'eau.

PLANÈTE : Énorme objet rond en orbite autour d'une étoile.

PRÉDATEUR : Animal qui chasse et mange d'autres animaux.

PRÉVISION : Hypothèse formulée à partir d'observations et de données.

PROTONS : Particules minuscules qui, avec les neutrons, constituent le noyau des atomes.

RÉCIF : Groupe de rochers ou de coraux dans les zones peu profondes de l'océan.

SOLIDE : Un des trois états de la matière.

SQUELETTE : Os à l'intérieur du corps des vertébrés (poissons, amphibiens, reptiles, oiseaux et mammifères).

SUBSTANCE : Matière dont toute chose est faite.

SYSTÈME SOLAIRE : Étoile et objets en orbite autour d'elle.

TÉLÉPHONE INTELLIGENT : Téléphone cellulaire avec ordinateur intégré.

THORAX : Partie centrale du corps d'un insecte.

VIBRATION : Mouvement très rapide d'un côté à l'autre ou de haut en bas.

VIRUS : Particule non vivante, infectieuse et microscopique qui peut rendre malade une personne ou un animal.

INDEX

Les photographies sont indiquées en caractères gras.

A

Abdomen **37**, 124
Achigan à petite bouche **61**
Agriculture 58-59, **58-59**
Agronomie 23, 58-59, **58-59**
Amphibiens 44-47
Anémomètre 87, **87**
Animaux
  amphibiens 44-47
  araignées 38, **38**
  branches de la science 22-23, **22-23**
  coquillages et crustacés 40-41, **40-41**
  insectes **28**, 29, 36-39
  mammifères **21**, **26-27**, **52-55**, 61
  oiseaux **35**, 48-51, 61, 116-117
  poissons 42-43, **42-43**, 61, 85
  reptiles 44, 46-47, **46-47**
  tout sur les animaux 34-35, **34-35**
  vétérinaire 25, **25**
Animaux de l'océan
  coquillages et crustacés 40-41, **40-41**
  poissons 42-43, **42-43**, 61, 85
  près des cheminées hydrothermales 85, **85**
  récif de corail 83, **83**, 125
Anisoptère vert **38-39**
Appareil de radiographie 32-33, **33**
Ara **35**
Araignée 38, **38**
Aras rouges **35**
Astronautes **67**, 68, **68**, 94, **94**, 124
Astronomie **21**, 23, **92-95**, 118, 123
Atomes 99, 111, **111**, 124
Avions et machines volantes **114-117**

B

Baleine à bosse **29**
Baleines **29**, **74**
Baromètre 87, **87**
Baudroie abyssale **85**
Biologie, voir Sciences de la vie
Bleu argenté (papillon) **38-39**
Boa émeraude **46-47**, 47
Botanique 23, 56-57, **56-57**
Branches de la science 22-23, **22-23**

C

Calcaire **71**
Caméléon 34, **34**
Castor 55, **55**
Chaleur 124
Challenger Deep 84
Chameau **93**
Chats **10**, 25, **25**, 53
Cheminée hydrothermale 85, **85**
Chenille **28**
Chevreuil **61**

Chiens 25, **52**, **72**
Chimie **20**, 23, **100-103**, 122
Chouette **116-117**
Chouette lapone **116-117**
Chrysalide 36, **36**, 124
Cigale **37**
Climat 90-91, **90-91**, 124
Coccinelle **38-39**
Cochons d'Inde 15, **15**
Colibri **51**
Colibri thalassin **51**
Conseils pour les parents 122-123, **122-123**
Coquillages 40-41, **40-41**
Coquillages et crustacés 40-41, **40-41**
Cordes vocales 107, 125
Corps humain
  bras robotisé 118, **118**
  cordes vocales 107, 125
  médecine 30-33
  médicament 31
  sens 12-13, **12-13**
Couleurs, dans la lumière 109, **109**
Crabe **85**
Crabe yéti **85**
Crocodile du Nil 46, **46-47**
Crocodiles 46, **46-47**
Curiosity (sonde spatiale) 95, **95**
Cycle de vie 36, 124

D

Désert 62, **62**
Dinosaure à bec de canard **75**
Dinosaures **74-75**, 75-77
Dioxyde de carbone 101
Discovery (navette spatiale) 24, **24**
Dissoudre, définition 124
Données 19, 76, 81, 83, 86, 90, 94
Dragon volant 47, **47**

E

Échidné 53, **53**
Écosystème du quartier 64-65, **64-65**
Écosystèmes **60-65**
  conseils pour les parents 123
  de l'arrière-cour 64-65, **64-65**
  définition 60
  ingénieurs en environnement 119, **119**
  océans 83
  types 62-63, **62-63**
Électricité **110-113**, 119, **119**, 124
Électricité dynamique 110-113
Électricité statique 110-111
Électrons 111, **111**, 124
Éléphants **54**, 55, **55**
Énergie 124
Entomologie 23, **36-39**
Environnement voir Écosystèmes
Éprouvette 101, **101**

Espace
  astronautes **67**, 68, **68**, 94, **94**, 124
  conseils pour les parents 123
  espace **21**, **66-67**, **92-95**, 124
  ingénierie 118, **118**
  navette spatiale 24, **24**
  sonde spatiale 94-95, **95**
États de la matière 102-103, 122
Étoiles 92, **93**, 125
Expériences 14-19
  données 19
  hypothèse 14, 18-19
  journal 16-17, **16-17**
  savoir et faire savoir 18-19, **18-19**
  théorie 18

F

Fleurs 56, **56**
Forces **104-105**, **104-105**
Forces mécaniques 104-105, **104-105**
Forêt tropicale 47, 49, 62, **62**, 125
Forêt tropicale humide 62, **62**
Fosse des Mariannes 84, **84**
Fossiles **2-3**, **74-77**
Fourmis 37, **37**
Fraises 59

G

Gaz 103, **103**, 124
Géologie 23, 70-71, **70-71**
Girafes **35**, 55, 55
Glaciers 90-91, **90-91**
Glossaire 124-125
Gobemouche azuré **50**
Gorille des montagnes 54, **54**
Gorilles 54, **54**
Goût 13, **13**
Graines 56-57
Gravité 105
Grenouilles **35**, 45, **45**
Grès 71
Grillon champêtre **38-39**

H

Hanneton **29**
Herpétologie 23, **44-47**
Hirondelle rustique **61**
Hypothèse 14, 18-19

I

Ichtyologie 23, 42-43, **42-43**
Ingénierie **114-121**
  conseils pour les parents 123
  définition 116
  inventions **114-121**
  résolution de problèmes 120-121, **120-121**
  types 118-119, 118-119
Ingénieurs biomédicaux 118
Ingénieurs électriciens 119

Ingénieurs en aérospatiale 118, **118**
Ingénieurs en mécanique 118
Insectes **28**, 29, 36-39
Inventions **114-121**
  avions et machines volantes **114-117**
  résolution de problèmes 120-121, **120-121**
  types d'ingénieurs 118-119, **118-119**
Invertébrés 37

J

Jeu d'ombres 122
Journal
  expériences 16-17, **16-17**
  météo 89, **89**
  résolution de problèmes 120-121, **120-121**
Jumelles 49, **49**
Jupiter (planète) **95**

K

Koala **4**

L

Laboratoire 100, **100**
Lave 79, **79**
Lézard 46-47, **47**
Libellule 37, **38-39**
Limonade 16-17, **102**, 102-103
Lion 55, **55**
Liquide 103, 122, 124
Loups 55, **55**
Lune 94, **94**, 123

M

Magma 78-79, **79**
Maïs 59
Malacologie 23, 40-41, **40-41**
Mammifères **21**, **26-27**, **52-55**, 61
Manchot papou **49**
Manchots **49**
Mars (planète) **94**, 95, **95**
Matière 98-99, **98-99**, 100, 103
Médecin **4**, 30-31, 32, 33, 34
Mercure (planète) **94**
Merle d'Amérique 48, **48**
Météo **86-89**, 124
Météorologie **21**, 23, **86-89**
Microbes 30, 124
Microscope **58-59**
Migration 50
Molécules 99, 102, 124
Mollusques 40-41, **40-41**
Mudstone 71
Musique 107, **107**

N

Neptune (planète) **95**
Neutrons 111, **111**, 124
Nourriture (production) 58-59, **58-59**

Nutriments 125

O

Observation 12-13, **12-13**
Océan **82-85**, 109, **109**
Odorat 13, **13**
Oie des neiges 50, **50**
Oies 50, **50**
Oiseaux 35, **48-51**, 61, **116-117**
Ondes
  définition 125
  lumière 108-109, 125
  sonores 106-107, 109, 125
Ondes lumineuses 108-109, 125
Ondes sonores 106-107, 109, 125
Oobleck 122
Orbitèle (araignée) 38
Ordinateur 125
Ornithologie 23, **48-51**
Ornithorynque 53, **53**
Os 32-33, **32-33**
Ouïe 12, **12**
Oxygène 28, 125

P

Paléontologie 2-3, 23, **74-77**
Palourde 41, **41**
Panda **21**, 34
Panneaux solaires 119, **119**
Papillon monarque **28**, 36, **36-37**
Papillons 36, **36**, **38-39**
Paradisier 49, **49**
Paradisier royal **49**
Pétoncles 41, **41**
Pieuvre 41, **41**
Planètes 67, 68, 69, 78, 93, 94-95, **94-95**, 118, 125
Planeur 116, **116**
Plantes **56-59**, 75, **75**
Plongée 82-83, **82-83**
Pluie 88, **88**
Poissons 42-43, **42-43**, 61, 85
Porte-queue tigré (papillon) **38-39**
Prairie 63, **63**
Prédateurs 41, 125
Pression atmosphérique 86-87
Prévisions 89, 125
Prisme 109, **109**
Protons 111, **111**, 125
Punaise des bois **38-39**

R

Raie (poisson) 43, **43**
Rainette **35**, 45
Rainette aux yeux rouges **35**
Récif 60, 83, **83**, 125
Récif de corail 60, 83, **83**, 125
Régions arctiques **82**, 90, 124
Reptiles 44, 46-47, **46-47**
Requin 43, **43**

Requin-baleine 43, **43**
Résolution de problèmes 120-121, **120-121**
Roches **70-73**
Rover 95, **95**

S

Salamandre 44, **44**
Saturne (planète) **95**
Science, introduction **8-25**
  branches de la science 22-23, **22-23**
  connaissances scientifiques 24-25, **24-25**
  conseils pour les parents 122-123
  expériences **14-19**
  hypothèse 14, 18-19
  observation 12-13, **12-13**
  poser des questions 10-11, **10-11**
  spécialités scientifiques 20-21, **20-21**
Sciences de la vie (biologie) 23, **26-65**
  amphibiens **44-46**
  branches de la science 22-23, **22-23**
  coquillages et crustacés 40-41, **40-41**
  corps humain **12-13**, **30-33**, 107, 118, **118**, 125
  écosystème **60-65**, 83, 119, **119**, 123
  êtres vivants 28-29, **28-29**
  insectes **28**, 29, **36-39**
  mammifères 21, **26-27**, **52-55**, 61
  oiseaux 35, **48-51**, 61, **116-117**
  plantes **56-59**, 75, **75**
  poissons 42-43, **42-43**, 61, 85
  reptiles 44, 46-47, **46-47**
Sciences médicales 23, **30-33**, 118, **118**
Sciences physiques 23, **96-113**
  atomes 99, 111, **111**, 124
  chimie **20**, 23, **100-103**, 122
  conseils pour les parents 122
  électricité **110-113**, 119, **119**, 124
  états de la matière 102-103, 122
  forces mécaniques 104-105, **104-105**
  matière 98-99, **98-99**, 100, 103
  ondes lumineuses 108-109, 125
  ondes sonores 106-107, 109, 125
Séismes 80-81, **80-81**
Sens 12-13, **12-13**
Serpents 46-47, **46-47**
Sismologie 23, 79, 80-81, **80-81**
Sol 35, 39, 59, **59**, 68, **70**, 76, 98
Soleil **94**
Solide 103, **103**, 122, 125
Souris 29, 55, **55**
Squelette **32-33**, 125
Stéthoscope 30, **30**
Submersible 84, **84**
Substance 6, 100-102, 122, 124, 125
Suricates **62**
Système solaire **94-95**, 125

T

Tambour 107, **107**
Téléphones intelligents 117, **117**, 125
Télescope 92, **92**
Témoin (sujet d'une expérience) 17
Tempête 88, **88**
Terre **67-81**
  climat 90-91, **90-91**, 124
  océans 40, 42, 43, **43**, 68, 69, **82-85**, 109, **109**
  paléontologie 23, **74-77**
  planète Terre 5, 27, **66**, 67-69, **69**, 78, 81, 90, 92, 94-95, **94**, 105
  roches **70-73**
  séismes 80-81, **80-81**
  tremblements de terre 80-81, **80-81**
  volcans **20-21**, 78-79, **78-79**
Têtard 45, **45**
Théorie 18
Thermomètre 30, **31**, 86, **86**
Thorax **37**, 125
Tigre **26-27**
Tortue 46-47, **47**
Tortue peinte 47
Toucher 13, **13**
Toundra 63, **63**
Tremblements de terre 80-81, **80-81**
Tyrannosaure **76**

U

Uranus (planète) **95**

V

Vaccin 30
Vache **58**
Vagues 109, **109**
Variable 16
Vent 87
Vénus (planète) **94**
Vers de terre 44, 59, **59**
Vertébrés 37
Vétérinaires 25, **25**
Vibrations 79, 81, 106, 107, 125
Virus 31, 125
Voie lactée 93, **93**
Voiture, robotique 118, **118**
Volcan **20-21**, 78-79, **78-79**
Volcanologie 23
Volcanologues 20
Vue 12, **12**

Z

Zoologie *voir* Animaux

RESSOURCES SUPPLÉMENTAIRES

LIVRES

Esbaum, Jill. *Mon grand livre des comment.* National Geographic Kids, 2017.

Shields, Amy. *Mon grand livre des pourquoi.* National Geographic Kids, 2014.

Esbaum, Jill. *Mon grand livre des pourquoi 2.* National Geographic Kids, 2018.

Hughes, Catherine D. *Mon grand livre de l'espace.* National Geographic Kids, 2016.

Hughes, Catherine D. *Mon grand livre de l'océan.* National Geographic Kids, 2017.

Hughes, Catherine D. *Mon grand livre de petites bestioles.* National Geographic Kids, 2018.

À tous les jeunes scientifiques curieux : N'arrêtez jamais d'explorer!
Vous êtes notre espoir et notre avenir. — KWZ

Publié par National Geographic Partners, LLC.

Depuis 1888, National Geographic Society a financé plus de 12 000 projets de recherche scientifique, d'exploration et de préservation dans le monde. La société reçoit des fonds de National Geographic Partners, LLC, provenant notamment de votre achat. Une partie des produits de ce livre soutient ce travail essentiel. Pour plus de renseignements, veuillez vous rendre à natgeo.com/info.

NATIONAL GEOGRAPHIC et la bordure jaune sont des marques de commerce de National Geographic Society et sont utilisées avec autorisation.

Catalogage avant publication de Bibliothèque et Archives Canada

Titre: Mon grand livre de sciences / Kathleen Weidner Zoehfeld ; texte français du Groupe Syntagme.
Autres titres: Little kids first big book of science. Français
Noms: Zoehfeld, Kathleen Weidner, auteur.
Collections: National Geographic kids.
Description: Mention de collection: National Geographic kids | Traduction de: Little kids first big book of science. | Comprend un index.
Identifiants: Canadiana 20190107286 | ISBN 9781443177405 (couverture rigide)
Vedettes-matière: RVM: Sciences—Miscellanées—Ouvrages pour la jeunesse. | RVM: Sciences—Méthodologie—Ouvrages pour la jeunesse.
Classification: LCC Q163 .Z6414 2019 | CDD j502—dc23

Édition publiée par les Éditions Scholastic, 604, rue King Ouest, Toronto (Ontario) M5V 1E1 avec la permission de National Geographic Partners, LLC.

5 4 3 2 1   Imprimé en Malaisie 108   19 20 21 22 23

L'éditeur tient à exprimer toute sa reconnaissance à Barbara Bradley et à Catherine D. Hugues, spécialistes du développement de la petite enfance, pour leurs conseils éclairés et leurs recommandations. Il désire également remercier la directrice du projet, Grace Hill, ainsi que la chercheuse, Michelle Harris, pour leur aide inestimable à la réalisation de ce livre.

Conception graphique : Yay! Design